LETTRE

A M. DUPIN,

Procureur-Général à la Cour de Cassation, etc., etc.,

SUR

L'ÉLOGE D'ÉTIENNE PASQUIER,

Par Henry de Riancey,

Avocat à la Cour Royale.

LIBRE DÉFENSE DES ACCUSÉS !

8 NOVEMBRE 1843.

PARIS.

AU BUREAU DU JOURNAL *L'UNIVERS ET L'UNION CATHOLIQUE,*

RUE DU VIEUX-COLOMBIER, 29.

1843

LETTRE

A M. DUPIN,

Procureur-Général à la Cour Royale de Cassation, etc., etc.

MONSIEUR LE PROCUREUR-GÉNÉRAL,

Vous occupez une place éminente entre toutes. Vous êtes le premier des *Gens du roi*, le chef de ce Parquet qu'ont illustré dans tous les temps les plus hautes vertus et les plus grands talents. Vous venez de porter la parole dans une occasion solennelle ; vous avez cherché, dites-vous, dans votre mercuriale de rentrée, « des enseignements qui profitent, des souvenirs qui intéressent, des exemples qui instruisent. »

C'est un noble désir. L'avez-vous rempli ? Avez-vous gardé cette dignité sévère, apanage de votre rang ? Avez-vous fait retentir la première Cour du royaume, la Cour suprême, de ces accents graves et austères dont l'antique Magistrature se faisait un honneur et une prérogative ? N'avez-vous considéré que l'utilité de ceux qui vous écoutaient ? N'avez-vous évoqué le passé que pour en faire sortir la vérité ?

Monsieur le procureur-général, vous applaudissez comme nous, j'en suis sûr, à ce mot d'un magistrat célèbre : « La Cour rend des arrêts, et non pas des services. » Historien, pour un instant, avez-vous songé à rendre aussi des arrêts, et n'avez-vous pas cédé à la séduisante envie de rendre des services ?

Monsieur le procureur-général, au faîte des dignités, vous déclarez avoir soigneusement conservé le culte et l'amour de votre ancienne profession ; sous la toge de pourpre, vous parlez avec complaisance de la *robe de dessous*. N'avez-vous pas trop écouté vos vieilles inspirations ? Au lieu d'une mercuriale, n'avez-vous pas fait un réquisitoire, moins que cela, une plaidoirie ?

Magistrat, vous êtes descendu du siége élevé de la justice dans les querelles du temps présent. L'antiquité mettait un bandeau sur les yeux de Thémis, pour montrer qu'elle était inaccessible aux passions extérieures, et qu'elle jugeait dans le calme de la pensée, avec l'œil intérieur de la conscience. Vous avez arraché le bandeau, et vous avez jeté dans les balances le poids de vos injustes préventions, de votre ressentiment peut-être ! *Manet altá mente repostum !* On dirait que le cordon de Saint-Acheul vous brûle encore les mains, et que vous voulez goûter la vengeance, ce plaisir des Dieux.

Qu'est-ce en effet que votre discours ? La biographie d'Estienne Pasquier ? Oui, en apparence ; au fond, c'est une apologie rétrospective de l'Université, une seconde édition des libelles contre la Société de Jésus. Etait-ce à vous à vous associer de la sorte à toutes les mauvaises passions qui se remuent depuis tantôt dix-neuf siècles contre l'Eglise, à vous faire l'écho des attaques dont un Corps illustre est la victime, et deviez-vous quitter votre chaise curule pour vous mettre à la suite de quelques rhéteurs de collége ? Les lauriers des professeurs universitaires sont-ils donc si enviables qu'ils troublent votre sommeil ? et quel rôle à jouer pour un des chefs de l'Ordre judiciaire, pour un des premiers personnages de l'Etat, pour l'ancien Président d'une des Chambres constitutionnelles, que de marcher dans l'ornière tracée par M. Michelet ou par M. Quinet ? Il ne manque plus à votre réquisitoire qu'un honneur, et il l'aura, c'est de servir d'*appendice* aux œuvres de vos émules !

Vous aviez cependant un bel exemple à suivre ! Que n'écoutiez-vous les conseils de votre héros ? Parlant de cette circonstance de sa vie, de son plaidoyer contre les Jésuites, Pasquier se contente de dire : « Les Jésuites, après avoir pied à pied gagné terre dedans Paris, se présentèrent à l'Université afin qu'il lui plust les immatriculer en son corps, chose dont ils furent éconduits. » Que n'imitiez-vous cette réserve ? Mais non, il vous fallait un texte de combat, une occasion de lutte, et vous vous y êtes jeté, à travers champs, au risque de laisser aux épines de la route quelque lambeau de votre dignité, quelque débris de votre popularité, hélas ! déjà trop compromise. Est-ce que par hasard vous auriez cru reconquérir à ce jeu la faveur du public ? Est-ce que votre discours, adressé aux impassibles organes de la Loi, devait aller, par delà les murs de la grand'-Chambre, quêter des suffrages dans cette foule bruyante et avide de désordres, dans cette multitude qui abat les croix et qui jette au fleuve les reliques et les saints livres ? Est-ce que vos paroles avaient le mauvais désir de flatter dans ses haines ce tigre altéré, dont tout votre pouvoir, Monsieur le procureur-général, ne suffit pas à comprimer les sauvages élans ? Non, je ne veux pas le croire. J'aime mieux ne voir dans votre tentative qu'une de ces fantaisies bizarres dont votre esprit est parfois traversé, qu'un de ces caprices auxquels vous vous laissez aller sans en comprendre la portée, qu'une boutade, enfin, à laquelle vous n'auriez pas cédé peut-être si vous vous étiez donné le temps de la réflexion.

Mais, par malheur, vous êtes homme de premier mouvement; et puis vous travaillez si vite ! Voulez-vous me permettre cette remarque indiscrète ? Convenez-en : votre éloge d'Est. Pasquier ne vous a pas donné grand'peine. Il existe de par le monde un vieux livre, volumineux s'il en fût, oublié s'il en fût, passionné s'il en fût, si passionné même que son auteur n'a pas osé le signer, et qu'il s'est abrité sous le voile de l'anonyme. OEuvre d'un janséniste décrié, commandé et payé par la secte, illustré de magnifiques allégories, ce pamphlet est un fameux arsenal, Monsieur, et vous y avez largement puisé : plus de la moitié de votre discours s'y trouve, et j'en suis fâché pour vous et pour la vérité ! Les rapprochements vont venir d'eux mêmes.

Je laisserai de côté l'exorde et la péroraison de votre Mercuriale, le commencement et la fin de la Biographie de votre héros. Le panégyrique de l'avocat et de l'avocat-général à la Cour des comptes est un simple cadre pour le tableau que vous vouliez peindre, un prétexte, un prologue et un épilogue pour le drame que vous vouliez faire jouer, et dont les deux personnages sont les Jésuites et l'Université. Peu nous importait, à vous comme à moi, de savoir si le jeune Pasquier avait eu de grandes difficultés à conquérir ou à reprendre son rang au barreau, et si le vieux jurisconsulte garda longtemps la charge qu'il tenait des bontés du roi. La grande affaire, c'est le procès de 1564, ou plutôt ce sont les allusions malignes ou cruelles que vous en tirez pour l'époque présente; c'est votre coup d'encensoir au monopole impérial, c'est votre coup de lance au vieux lion du jésuitisme.

Or, vous avez été avocat, Monsieur le procureur-général, et vous l'êtes encore un peu, beaucoup trop parfois. A ce titre vous devez être habitué à la contradiction. Vous ne vous étonnerez donc pas d'être pris à partie. Vous attaquez, je défends; et quelle que soit l'immense distance qui nous sépare, vous ne refuserez pas de m'écouter, car j'ai pour moi une conviction profonde, une indépendance absolue et l'amour ardent de la vérité.

Aussi bien, je vous appelle à un tribunal où, petits et grands, nous devons comparaître, au tribunal de l'Opinion publique, cette cour souveraine de laquelle je peux dire, avec plus de vérité que Pierre Versoris, du Parlement de Paris : « Les demandeurs (les Pères de la Compagnie de Jésus) ont ce bonheur d'être tombés en un trop meilleur siècle, auquel, s'ils sont calomniés en leur institution et profession de vie, ils ont ce bien d'avoir cette cour pour juge de leur cause, désireuse d'entendre la vérité et sincérité de leur profession, et qui leur permet avec entière liberté de la représenter : cette cour, qui juge tout à la balance et qui passe par dessus toutes les considérations qui pourraient faire pencher cette balance ; sans départir plus à à l'un qu'à l'autre, ains rend à chacun ce qui lui appartient. »

A la Cour de cassation, monsieur le procureur-général, vous parliez seul et vous accusiez ! mais vous avez inscrit sur votre devise, et cette devise est belle : *Libre défense des accusés!* Ici, du moins, j'userai de cette liberté et il sera rendu à chacun ce qu'il appartiendra; *suum cuique* !

Je commence par les Jésuites : l'Université viendra après.

« Vers le milieu du seizième siècle, dites-vous, à travers les dissensions causées par le schisme et les déchirements de nos guerres civiles, on vit poindre une nouvelle Société qui se présentait comme auxiliaire du Saint-Siége contre les ennemis de la foi. » Au lieu du *schisme*, vous auriez pu dire l'*hérésie*, car, s'il m'en souvient, Luther, Carlostadt, Zwingle, Muncer, étaient bien des hérésiarques. Mais je ne veux pas vous critiquer pour si peu, j'ai vraiment d'autres griefs à reprendre.

Vos premiers mots sur la Société nouvelle dénotent le sentiment qu'elle vous inspire; vous la détestez jusque dans son fondateur. « Le chef de cette milice, Ignace, officier espagnol, blessé au siége de Pampelune, *qu'il défendait contre les Français*, avait quitté le service militaire pour se vouer à un autre genre de combat. » Pourquoi, je vous prie, avez-vous souligné dans le texte ces mots : *qu'il défendait contre les Français* ? Et pourquoi vous croyez-vous obligé de mettre en note : « Cette circonstance nous est révélée dans le réquisitoire de l'avocat-général du Mesnil ? » Franchement, est-ce que vous auriez ici la prétention de faire une petite malice? Et voudriez-vous faire un crime à un Espagnol, à un gentilhomme, à un officier, de s'être fait blesser en défendant sa patrie contre les étrangers qui l'attaquaient? Auriez-vous mieux aimé qu'il eût trahi son prince et livré Pampelune? Quel triomphe pour vous, alors, si vous aviez pu ajouter l'épithète de traître à toutes celles dont on a voulu ternir l'illustre et saint instituteur de la Compagnie de Jésus? Oui, Monsieur le procureur-général, illustre par sa naissance, par sa science, par son génie; saint devant les hommes et saint devant Dieu; car je vous crois trop *pieux* et trop *chrétien*, ainsi que le disait hier M. le Premier Président Séguier, pour penser que vous oseriez refuser votre vénération aux grands noms que l'Eglise place sur nos autels. Il n'y a que les hérétiques qui rejettent le culte des saints!

Or donc, saint Ignace avait fondé son ordre. « De Rome, où il avait institué le siége de son gouvernement, Ignace (disons saint Ignace, ne vous en déplaise), devenu général des Jésuites, envoya à Paris quelques uns de ses compagnons en vue d'introduire leur nouvelle Société en France. » Je pourrais ici vous demander, monsieur, ce que vous entendez par « il avait institué le siége de son gouvernement? » Vous êtes assez au courant du Droit canon pour savoir qu'à Rome personne n'institue le siége de son gouvernement; quand un ordre s'établit, c'est le Pape qui l'institue par une bulle. Et vous devez être assez au courant de l'histoire des Jésuites pour savoir que si saint Ignace eut le gouvernement de son ordre, il ne se l'appropria pas lui-même, mais qu'il le reçut par élection de ses compagnons. Vous n'ignorez pas tout cela, mais vous étiez bien aise de faire une phrase à effet et qui rappelât de près ou de loin cette redoutable *épée dont la poignée est à Rome et la pointe partout.*

Soit : *l'épée* voulait pénétrer en France. Et pourquoi non ? Est-ce que tous les autres Ordres religieux, dont la plupart avaient leur chef à Rome, n'avaient pas successivement été établis en France ? Et qu'y a-t-il d'étonnant à ce que, munis d'une bulle de Paul III en 1540, d'une autre bulle du même Pape en 1549, d'une autre de Jules III en 1550, c'est à dire autorisés au même titre que toutes les communautés et congrégations, les Jésuites se présentassent dans le royaume très chrétien, comme déjà ils avaient été accueillis dans presque tous les autres Etats d'Europe : à Naples, en Sicile, en Sardaigne, à Venise, dans toute l'Italie, en Hongrie, en Pologne, en Allemagne, en Flandre?

D'ailleurs, les Jésuites voulaient-ils arriver par surprise ou par fraude ? Nullement. Et vous, Monsieur le procureur-général, qui connaissez à fond leur histoire, vous auriez pu dire qu'ils avaient humblement sollicité des Lettres patentes du roi Henry II et qu'ils les avaient obtenues. Vous ne le dites pas, et vous aimez mieux poursuivre ainsi : « Malgré l'appui qu'ils trouvèrent auprès des Guise, de Catherine de Médicis et de plusieurs prélats assez turbulents ou assez aveugles pour les protéger, et quelques efforts qu'ils fissent, ils ne purent se faire admettre, ni sous le nom de *Jésuites*, dont la chrétienté s'était offensée, ni sous la forme d'*Institut religieux*, avec le cortége de Bulles et de Constitutions qui enveloppaient le mystérieux secret de leur mission. »

Reprenons. Je passe sur cette nouvelle malice peu digne d'un historien grave, qui accole avec affectation le nom des Jésuites à celui de Catherine de Médicis, et je vous demande quels étaient ces prélats *assez turbulents et assez aveugles pour les protéger*. Serait-ce par hasard le Cardinal de Lorraine ou le Cardinal de Tournon ? L'épithète est au moins légère à l'endroit de ces deux éminents princes de l'Eglise, et il faudrait y regarder à deux fois avant de frapper ainsi sur les gloires de la France.

Quoi qu'il en soit, et malgré cette protection, *ils ne purent se faire admettre*, dites-vous. Je vous en demande bien pardon. Les Lettres-patentes de Henry II leur suffisaient, je pense. Il est vrai que le Parlement résista, que quand les Pères demandèrent l'enregistrement, M° Pierre Séguier fit des difficultés, qu'un arrêt renvoya les Bulles et les Lettres à l'examen de la Sorbonne et de l'Evêque de Paris; il est vrai que l'Université s'émut et qu'elle fit tous ses efforts pour empêcher la réception de la Compagnie, et voulez-vous savoir pourquoi ? « L'Université de Paris estoit « lors tellement assiégée d'hérésie, et ceux de la prétendue y « estoient en tel nombre, qu'on siffloit en pleine chaire les profes- « seurs catholiques, comme il advint entre autres à M. d'Aurat, « professeur du roy ès-lettres grecques. C'est de ce costé là que « vindrent les grandes oppositions qu'on faisoit à tout cet ordre « par l'entremise de Ramus, Mercerus et autres, atteints de la « contagion du temps (1). » Il est vrai qu'il fallut de nouvelles Lettres-patentes de Françoys II et des lettres de jussion pour leur enregistrement. Mais au demeurant, les Jésuites avaient l'approbation royale, et selon toutes les maximes du droit public d'alors, ils étaient admis.

(1) Plaidoyer de Jacques de Motholon.

Quant au nom de Jésuites, dont la *chrétienté s'était offensée*, et dont sans doute vous vous offensez comme elle, d'abord cette Chrétienté se réduisait à Messieurs du parlement et de l'Université, et si vous le voulez, à l'assemblée surnommée le colloque de Poissy. Mais comptez-vous pour rien les autres nations qui ne s'en étaient pas offensées, comptez-vous pour rien les Souverains-Pontifes, qui doivent bien, eux aussi, être consultés quand il s'agit des affaires et des répulsions de la chrétienté? Ensuite, examinez un peu le nom en lui-même : qu'a-t-il de plus étonnant que ceux des Ordres du Saint-Esprit, de la Trinité, des Filles-Dieu, *quœ sunt œquipollentia nomina*, ainsi que parlait Pierre Versoris? Voulez-vous une autorité plus haute? « Que si ce mot de Jésuite vous déplaît, disait le grand roi Henry IV à M. le président de Harlay, pourquoi ne reprenez-vous pas ceux qui se disent religieux de la Trinité; et si vous estimez être aussi bien de la Compagnie de Jésus qu'eux, pourquoi ne dites-vous que vos filles sont aussi bien religieuses que les Filles-Dieu à Paris, et que vous êtes autant de l'ordre du Saint-Esprit que mes chevaliers et que moi? » En voilà, je pense, plus qu'il ne faut pour lever vos scrupules, Monsieur le procureur-général, et vous ne vous montrerez pas plus exigeant que M. de Harlay, qui, à la suite du discours du roi, se tut... et fit bien.

Que signifie ensuite ce haut dédain pour le *cortége de Bulles et de Constitutions*, et cette insinuation contre le *mystérieux secret de leur mission?* Voulez-vous dire que les Papes qui avaient accordé ces Bulles et sanctionné ces Constitutions ignoraient le secret qu'elles contenaient? C'est une accusation bien imprudente et qui demande d'autres preuves qu'une parenthèse de mauvaise humeur. A qui d'ailleurs persuaderez-vous que Paul III et Jules III aient signé des Bulles sans se douter de lenr importance? Cela peut passer dans le courant d'un discours d'apparat, mais cela ne supporte pas l'examen d'une simple lecture? Et puis, quel est-il donc ce secret mystérieux qui se cache dans des Bulles publiées à son de trompe, dans des Lettres patentes données à la face du soleil? Il fallait que les Papes fissent singulièrement fonds sur l'aveuglement de l'Europe entière, y compris le roi de France, pour s'imaginer que personne ne saurait briser l'enveloppe et déchiffrer l'énigme? Vous-même, Monsieur le procureur-général, vous ne nous le dévoilez pas, ce mystère! Serait-ce qu'il était si bien dissimulé au fond des Bulles que vous ne l'ayez pas encore clairement découvert?

En attendant, les Jésuites, « avec cette souplesse qui leur est familière, » établirent deux colléges en Auvergne et un à Paris. « Ils se mirent à enseigner, ajoutez-vous, et, s'autorisant d'une nouvelle Bulle de Jules III, en 1550, ils élevèrent la prétention de conférer à leurs disciples les grades de bachelier, licencié et docteur, sans se soumettre aucunement au régime de l'Université. » Il y a deux choses dans cette assertion ; la première est relative aux *grades* que voulaient conférer les Jésuites. J'avoue que je n'avais jamais ouï parler de cette prétention : elle n'est consignée ni dans le plaidoyer de M° Versoris, ni dans celui de M° Est. Pasquier, ni dans la requête des Pères, ni même dans Philibert. Il n'est partout question que de l'incorporation à l'Université demandée par les uns, repoussée par les autres; mais de grades, de licence, de doctorat, pas une syllabe. Vous avez sans doute, Monsieur le procureur-général, des documents que je ne connais pas sur ce point, et je m'en rapporte à vous : *Onus probandi incumbit ei qui dicit!*

J'aurais cependant quelque sujet de me défier de votre érudition, qui se ressent un peu de la précipitation du travail. Ainsi (c'est la seconde partie de votre assertion), où avez-vous pris qu'ils « ne voulaient aucunement se soumettre au régime de l'Université? » Et c'est précisément le contraire; c'est là tout le procès ; c'est uniquement parce qu'ils voulaient se soumettre à ce régime qu'ils plaidaient devant le parlement! Souffrez que je vous rappelle les faits.

Aussitôt après l'enregistrement des Lettres patentes, le 5 février 1563, les Jésuites s'adressent au recteur de l'Université, M. Julien de Saint-Germain, « personnage de vertu et d'honneur, » et ils obtiennent de lui, « lettres testimoniales et de protection pour les faire jouyr des priviléges d'icelle Université comme les autres colléges d'icelle. » Est-ce là ne pas vouloir se soumettre au régime de l'Université? Et remarquez que cette démarche était faite avant toute tentative d'enseignement, avant toute ouverture de classe ou de collége. Certes, il est difficile de montrer meilleure envie d'obéir et meilleur désir de se conformer aux statuts existants ! « Alors, continue Versoris, ils font venir des régents, commencent à enseigner : *ad quos statim fit concursus; ut visi et auditi, statim probati.* » C'était « assez de les cognoistre pour les aymer, » ainsi que disait plus tard Henry IV. « Leur doctrine est estimée, leur méthode approuvée, leur industrie recommandée et leur libéralité et charité en réputation. *Hinc iræ.* » L'Université fut jalouse de ces succès, et elle essaya de s'opposer aux progrès du collége de Clermont. « L'un des principaux auteurs de cette opposition fut Pierre Ramus, principal du collége de Presles, lequel estant notoirement infecté d'hérésie, corrompoit beaucoup de jeunesse en l'Université. » On alla trouver le Cardinal de Chastillon, conservateur des priviléges de l'Université, « lequel tenoit du party et de l'irréligion de ses frères et promit assistance. » Ainsi menacés d'un côté, et de l'autre forts de l'approbation générale qui s'attachait à eux, les Jésuites, loin de résister, présentèrent requête pour être reçus et incorporés à l'Université. Encore un coup, est-ce là refuser de se soumettre au régime de l'Université ?

Nous avons dit les faits dans leur simplicité. Voici maintenant votre version, Monsieur le procureur-général ; cette phrase va rendre jaloux M. Quinet, du fond des Espagnes :

« Habiles à leur début, les Jésuites se gardèrent bien de déclamer contre les méthodes de l'Université, ni d'insulter à ses professeurs, ou de faire planer une menace d'excommunication sur les maîtres et sur les élèves. » Quel à propos ! la veille du jour où le Conseil d'Etat prononce qu'il y a abus dans la lettre de Mgr de Châlons ! Et puis, comme ce dernier trait est acéré ! « Ils crurent tout concilier en se présentant comme *collége* comme réclamant *la liberté d'enseignement,* » et , en note : « *Laissez-nous faire* !.... » Quel bon augure pour la façon dont vous entendez , vous, monsieur, la liberté et l'égalité devant la Charte ! Vous auriez bien pu attendre la discussion de la tribune pour renouveler vos exclusions contre un Ordre religieux : là du moins vous auriez trouvé des contradicteurs !

Continuons. « Appelée à délibérer sur cette proposition, l'Université voulut d'abord savoir d'une manière certaine *quels étaient* ceux qui se présentaient pour être admis et immatriculés dans son sein. Mais à la suite d'un interrogatoire, qui restera comme un modèle dans l'art des réticences, le recteur, malgré ses questions réitérées, ne put jamais amener que la fameuse réponse : *Sumus tales quales*, nous sommes tels que nous sommes, les gens tenant le collége de Clermont. »

Avez-vous lu, Monsieur le procureur-général, ce fameux interrogatoire, modèle de l'art des réticences? Pardonnez, si je vous fais cette question, c'est que j'aime mieux croire que vous ne l'avez pas lu, que de supposer que vous n'avez pas voulu le citer tel qu'il est. « Nous sommes en France, dit le P. Jésuite, tels que nous a nommés la Cour du Parlement, à savoir la société du collége de Clermont; » ce qui n'est pas tout-à-fait la même chose que ce laconique *tales quales*, dont vous égayez vos auditeurs. « Que s'il dit lors, ajoute Versoris, comme vous avez fait fort haut sonner, qu'ils fussent *tales quales*, cette réponse n'est sujette à être calomniée. » Prêts à paraître devant le Parlement, connaissant ces susceptibilités, qu'avaient-ils de mieux à faire que de prendre le nom que la Cour leur avait donné? Ensuite, il est quelque chose que vous passez sous silence, c'est le complément de la réponse du Supérieur du collége, réponse écrite, dans laquelle il expose avec la plus grande netteté ce qu'est la Société de Jésus en général, ce qu'est en particulier la société qui tient le collége de Clermont. « Notre société a deux sortes de maisons, les unes sont maisons de profès, les autres sont des colléges où ne se trouvent pas de profès. En France, il n'y a pas de maison du premier ordre. Tout le point de la contestation se réduit aux colléges, et nous vous demandons que vous permettiez que, dans ces colléges, les uns enseignent, les autres étudient. »

Que devient le fameux *tales quales?* Convenez-en :

De loin c'est quelque chose, et de près ce n'est rien.

Voici qui est plus grave, pour vous au moins, Monsieur le procureur général. « Dès lors, dites-vous, l'Université refusa de les admettre et déduisit par écrit ces motifs d'opposition, dont le Parlement allait devenir juge. L'Université avait ses avocats ordinaires. Mais les Jésuites s'en étaient emparés en leur soumettant à l'avance un mémoire à consulter, sur lequel ces jurisconsultes avaient imprudemment engagé leur avis. » Avez-vous remarqué quelle imputation vous faites peser ici et sur la Compagnie de Jésus et sur les avocats de l'Université ? Je conçois que vous n'ayez pas regardé de bien près à charger les Jésuites d'une sorte de perfidie nouvelle, d'une espèce de captation. Mais, vous qui professez tant de souci pour l'honneur des jurisconsultes de tous les temps, de quel droit représenter ceux du seizième siècle, les plus éminents du palais d'alors, ou comme des hommes de peu d'intelligence, qu'on surprend aisément, ou comme des hommes de peu de conscience, qu'on séduit plus facilement encore ? Et pourquoi êtes-vous plus sévère que l'Université elle-même ? Elle se contentait de dire que « ses avocats-jurés, consultés auparavant par les jésuites, n'ayant pas compris l'équité de sa cause, avaient donné leur avis contre elle et avaient conclu à la réception des Jésuites ; *Patroni jurati Academiæ antè consulti a jesuitis, non intellectâ causæ nostræ œquitate, adversus nos sententiam tulerant, ac recipiendos esse jesuitas judicaverant.* » Et vous, vous vous résignez à reproduire l'énonciation du janséniste Philibert : « Les Jésuites, en hommes rusés, lui avaient enlevé ses propres avocats ! »

Vous continuez : « Dumoulin restait libre, et il rédigea pour l'Université une consultation vigoureuse. » Vous en reproduisez quelques mots; mais ce que vous n'ajoutez pas et ce que je dois dire, c'est que Dumoulin penchait déjà vers le protestantisme, qu'il embrassa plus tard; et qu'après avoir appelé du Pape au Concile général, il accusa le saint Concile de Trente d'avoir travaillé non à la *réformation*, mais à la *déformation* de l'Eglise; ce qui infirme singulièrement l'impartialité de son témoignage.

Puis, vous arrivez à la plaidoirie, j'entends la plaidoirie de Pasquier, et vous l'analysez avec tout le soin qui vous caractérise. « Pasquier comprit toute l'importance de la mission qui lui était confiée. Il ne fit pas de la question une lutte mesquine de la part d'un corps en possession de quelques prérogatives, qui aurait voulu seulement s'en assurer le *monopole* ! » Ceci a besoin d'une traduction. C'est, d'une part, une légère admonestation à l'Université actuelle sur la manière un peu étroite dont elle semble défendre la position que lui ont faite des décrets déclarés illégaux par vous-même, Monsieur le procureur-général. C'est, de l'autre, un conseil sur la marche à suivre dans la polémique : il faut que l'Université agrandisse le terrain, qu'elle défende, non pas elle, mais la patrie ; contre qui ? Contre l'hydre renaissante du jésuitisme et du parti-prêtre ! Ce charitable avis est de nature à troubler de joie M. Michelet dans ses pélerinages alpestres, et de l'empêcher pour longtemps encore *d'accorder ensemble Louis XI et Charles-le-Téméraire.*

« Placé au cœur même du débat, Pasquier, dites-vous, rechercha *qui étaient* ceux qui se présentaient pour enseigner la jeunesse française, ce qu'on devait craindre ou attendre de leur organisation, de leur but, de leur moyen d'action. En un mot, il attaqua par sa base l'institut même des soi-disant Jésuites, et démontra leur profonde incompatibilité avec l'ordre politique, religieux et civil de la France. Il s'attacha surtout à produire dans l'esprit de ses juges la conviction que cette société couvait dans son sein le germe de graves dangers pour le gouvernement et pour la tranquillité publique, par la division qu'ils ne manqueraient pas d'exciter entre les divers ordres de l'Etat, leur prétention étant de tout saper, pour se superposer à tout. »

Cette *conviction* est-elle bien passée dans votre esprit, Monsieur le procureur-général, et cette *incompatibilité* est-elle bien démontrée à vos yeux ? J'aurais le droit d'en douter ; car vous ne le prouvez pas. Vous énoncez le fait et je cherche en vain sur quoi il est appuyé. Mais cette conviction, je pourrais, moi, tout humble que je suis, vous assurer qu'elle n'est pas démontrée pour tout le monde. Je pourrais multiplier les citations et les témoignages. Je pourrais rappeler, dans l'ordre religieux en France seulement, l'attestation de Bossuet, de Fénelon, celle de l'évêque de Paris en 1610, l'avis des prélats réunis en 1761, de l'assemblée générale du clergé en 1762, la lettre de l'archevêque de Paris en 1762, et le mémoire des évêques de France en 1828 ; dans l'ordre politique , l'opinion de Henry II, de Françoys II, de Henry IV, de Louis XIII, qui tous protégèrent et aimèrent la Société; dans l'ordre civil, les témoignages de Descartes, de Richelieu, de Montesquieu, de Châteaubriand, etc., etc.

Mais je ne veux qu'une seule autorité. Elle s'adressait à un magistrat illustre, assis sur les fleurs-de-lys. C'est celle d'Henry IV, vous ne la récuserez pas !

« Vous faites les entendus en matière d'Etat , disait le roi, et vous ne vous y entendez non plus que moi à rapporter un procès... Je m'étonne sur quoi vous fondez l'opinion d'ambition en des personnes qui refusent les prélatures et les dignités quand elles leur sont offertes, et qui font vœu à Dieu de n'y aspirer jamais, et qui ne prétendent autre chose en ce monde que de servir sans récompense tous ceux qui veulent tirer service d'eux... L'Université les a contrepointés ; mais ça été ou parce qu'ils faisaient mieux que les autres, témoin l'affluence des écoliers qu'ils avaient en leurs colléges, ou parce qu'ils n'étaient incorporés en l'Université, dont ils ne feront maintenant refus quand je le leur commanderai et quand, pour les remettre, vous serez contraints de me les demander. Ils entrent comme ils peuvent : aussi font bien les autres et suis moi-même entré comme j'ai pu en mon royaume ; mais il faut ajouter que leur patience est grande et que moi je l'admire ; car, avec patience et bonne vie, ils viennent à bout de toute chose... »

Et, dans une autre circonstance, le bon roi répétait aux Jésuites : « Je vous ai aimés et chéris depuis que je vous ai connus. Aussi ai-je dit que ceux qui aiment et craignent vraiment Dieu ne peuvent que bien faire, et qu'ils sont toujours les plus fidèles à leur prince. Gardez seulement vos règles ; elles sont bonnes. Je vous ai protégés, je le ferai encore.... Si, pour les calomnies, on coupait toutes les langues médisantes, il y aurait bien des muets, et on serait en peins de se faire servir. J'ai été de deux religions, et tout ce que je faisais étant huguenot, on disait que c'était pour ceux de ce parti. Et maintenant que je suis catholique, ce que je fais pour le bien de ma religion, on dit que je suis Jésuite; je passe par-dessus tout cela et m'arrête au bien, parce qu'il est bien; faites aussi, vous autres! »

Et aussi font-ils, Monsieur le procureur-général.

Achevons maintenant le récit. Voici le dénouement : « Les Jésuites, dites-vous, voyant qu'ils ne pouvaient l'emporter de haute lutte, parvinrent à faire *appointer* le procès. Il ne fut *repris* et ils ne furent *expulsés* que quelques années plus tard, après l'attentat de Jean Châtel sur la personne de Henri IV, en 1594. » —C'est là votre version. Vous auriez pu cependant expliquer ce mot d'*appointer* qu'on n'entend plus guère même au palais, ou plutôt vous auriez pu ajouter que cet *appointement* était un vrai gain de cause, puisque, en *ajournant* la décision, en renvoyant ou *appointant* la cause au Conseil, le Parlement ordonnait que, sans rien juger sur le droit des parties, les choses demeureraient en leur état, c'est à dire que les Jésuites continueraient d'enseigner publiquement, bien que non agrégés à l'Université. Et cette opinion n'est pas la mienne, je m'en défendrais comme d'une prévention ; je la trouve professée, en 1612, par Jacques de Montholon, qui disait : « Maistre Pierre Versoris défen-
« dist les Jésuites, lequel fit si dignement, respondant seul à
« huict advocats, que la Cour appointant la cause au Conseil,
« les maintint en possession d'enseigner publiquement, ce qu'on
« a continué l'espace de trente ans, c'est à dire depuis l'an 1564
« jusqu'à l'année 1594, avec très grande affluence d'escholiers. »
Convenez que s'ils n'obtenaient pas la grâce de faire partie de l'Université, au moins avaient-ils conquis la liberté d'enseignement, *cette liberté qu'ils réclamaient*, assuriez-vous tout à l'heure!

Mais cet appointement, comment y *parvinrent-ils?* Vous ne l'indiquez pas. Admettons que ce ne soit pas par la justice de leur cause. Admettons qu'il y ait eu faveur, bien que l'historien de l'Université déclare que « *neutrique parti derogatum quidquam aut arrogatum.* » Vous auriez pu dire que la faveur venait de M. le président Christophe de Thou et de M. le chancelier de L'Hospital, deux beaux noms, deux loyaux magistrats, n'est-il pas vrai? et dont la protection compense bien, dans la balance de l'équité, l'animosité d'un recteur et de quelques professeurs hérétiques ou fauteurs d'hérésie !

Enfin, « ils furent *expulsés* en 1594. » Oui, par un arrêt du Parlement; et ils furent rétablis en 1604, par un Édit du Roi. Et Henry IV disait à ce sujet au parlement : « Quant à Châtel , les tourments ne purent lui arracher aucune accusation à l'encontre de Varade ou autre Jésuite , et si autrement était, comment l'auriez-vous épargné? Dieu m'a voulu alors humilier et sauver, et je lui en rends grâces. Il m'enseigne de pardonner les offenses, et l'ai fait pour son amour volontiers : tous les jours je prie Dieu pour mes ennemis ; tant s'en faut que je m'en veuille souvenir, comme vous me conviez à faire peu chrétiennement, dont je ne vous sais point gré. »

Vous vous arrêtez ici, monsieur le procureur-général, et vous terminez ce qui a trait aux Jésuites par ces mots : « Chaque fois que la question s'est reproduite , on est revenu, comme point de départ, à ce plaidoyer et aux raisons sur lesquelles il est fondé. » Vous n'avez jamais rien avancé de plus exact. Depuis tantôt trois cents ans qu'on s'acharne contre les Jésuites , on n'a jamais rien trouvé de plus nouveau que les arguties de l'Université du seizième siècle ! Aussi vous ai-je répondu par les défenses présentées dès l'origine. Mais vous m'avouerez bien que c'est une triste cause que celle qui , pour attaquer une société vivante encore au dix-neuvième siècle, en est réduite à reproduire des accusations cent fois démenties et cent fois renversées, et à demander ses inspirations au protestant Ramus ou au protestant Dumoulin !

Venons maintenant à l'Université, ou du moins au rôle que vous lui donnez dans le passé et dans le présent. Je dois vous paraître long et minutieux ; mais, Monsieur le procureur-général, vous savez exprimer beaucoup en peu de mots , *non multa sed multùm*. Je n'ai ni votre concision ni votre habileté, mais je veux essayer de ne rien laisser échapper. Votre patience suppléera à ma faiblesse.

Vous commencez par faire un parallèle entre l'Univèrsité ancienne et l'Université actuelle, et, sans doute pour rendre le
contraste plus frappant, vous dépeignez la dernière en vous
servant des couleurs d'un homme « vraiment digne du titre de
grand-maître » (comme qui dirait notre maître à tous); vous
voulez parler de M. Royer-Collard. A ce propos, Monsieur le
procureur-général, vous le citez deux fois, ce grand maître. Une
fois pour lui emprunter une phrase que vous avez bien fait de ne
mettre qu'en note; elle lui a échappé, je le crois, dans un mo-
ment de vivacité; elle sent la colère, et la colère est une mauvaise conseillère. Dire, en parlant d'une Société qui existe depuis
trois siècles, qui est en bonneur auprès des Souverains-Pontifes
et des Princes, qui compte dans son sein plusieurs centaines de
Français : « Ne lui demandez pas qui elle est ni d'où elle vient ;
car, en vous répondant, elle mentirait. » C'est un de ces mots
que l'on doit regretter, et Jupiter n'en disait pas autant quand
Lucien lui répondait : « Jupiter, tu injuries, donc tu as tort. » La
seconde fois la citation est moins agreste dans sa forme, mais
elle n'est pas plus concluante au fond.

« L'Université donc, selon M. Royer-Collard, n'est autre chose
« que le gouvernement appliqué à la direction universelle de
« l'instruction publique, aux colléges des villes comme à ceux de
« l'Etat, aux institutions particulières comme aux colléges, aux
« écoles de campagne comme aux Facultés de Théologie, de
« Droit et de Médecine. L'Université a été élevée sur cette base
« fondamentale, que *l'instruction et l'éducation publiques ap-*
« *partiennent à l'Etat.* L'Université a donc le monopole de
« l'éducation, à peu près comme les tribunaux ont le monopole
« de la justice, et l'armée celui de la force publique. » Adop-
tez-vous cette définition, Monsieur? Je le pense, puisque vous en
louez l'auteur. Or, permettez que je fasse quelques observations,
non à vous, mais à M. Royer-Collard; ou plutôt, comme vous
citez, permettez que je cite : l'autorité sera plus grande et la ré-
punse mieux frappée.

« Ce raisonnement curieux (celui qui compare l'éducation à
la justice), disait en 1817 M. de La Mennais, montre quel progrès les hommes *spéciaux* ont fait faire à la logique. Oserois-je

y opposer quelques réflexions simples, et telles que le bon sens
les suggère, quand on est assez peu avancé en idéologie pour le
consulter encore ? La justice appartient à tous : et, en tant qu'elle
est la loi immuable de l'ordre, tous peuvent et doivent la connoî-
tre et tous la connoissent en effet. Mais lorsqu'il s'agit d'appli-
quer publiquement cette loi aux actions des hommes, lorsqu'i-
s'agit de juger et de punir , rendre la justice devient alors une
fonction du pouvoir, fonction nécessaire et sans laquelle on ne
le concevroit même pas ; car le pouvoir, moyen général de la société, n'est que la justice vivante. Mais enseigner à lire et à écri-
re, enseigner le grec et le latin, n'est pas, que je sache, une fonction du pouvoir ; et je ne comprends même pas comment ceux
qui attribuent au pouvoir le droit de s'emparer de l'éducation,
n'ont pas été avertis de leur erreur par l'extrême ridicule de
transformer le souverain en maître d'école. Observez, de plus,
que les tribunaux ne sont pas établis pour enseigner la justice ;
mais que leur devoir est de réprimer les crimes qui attaquent la
société. Le gouvernement est maître d'avoir tant d'écoles qu'il
voudra et de les régler comme il le jugera convenable ; mais il
n'est pas maître de priver les citoyens de leurs droits, de leur
ravir les libertés garanties par la Charte. A quel titre le gouvernement serait-il maître de l'éducation ? Serait-ce comme législa-
teur ? Mais qui jamais imagina de régler par des lois ce qu'on
doit croire et ce qu'on doit savoir ? Serait-ce comme administra-
teur ? mais entendit-on jamais parler d'administrer les croyances
et la morale, d'administrer l'étude du grec et du latin, d'administrer l'éloquence et même l'alphabet ? Le ridicule saute aux
yeux. Les croyances et la morale sont du domaine de la religion ;
le reste est du domaine individuel. Le droit du gouvernement se
borne à conseiller, à diriger, à offrir à tous, sans contrainte, les
moyens d'instruction, à surveiller les établissements libres, à les
supprimer s'ils sont dangereux pour l'Etat et pour les bonnes
mœurs. Tous les droits qu'il s'arroge de plus sont une usurpation
de la puissance paternelle. » Et M. Guizot avait déjà dit : « L'instruction publique appartient à l'Etat, c'est à dire *qu'il appartient à l'Etat d'offrir l'éducation dans les établissements pu-
blics à ceux qui voudront la recevoir de lui, et de la surveiller
dans les établissements où elle est l'objet de spéculations par-*

ticulières. » La définition était, je crois, de 1816 ; les réponses sont de la même époque ou à peu près. Ajoutez à cela, Monsieur le procureur-général, l'article 69 de la Charte de 1830, et dites-moi ce que devient la phrase de M. Royer-Collard ?

Je comprends que vous ajoutiez que « l'ancienne Université n'avait pas *à priori* un caractère aussi général et aussi étendu. » J'ajouterai qu'elle ne l'eut pas *à posteriori.* C'est une grande question, Monsieur le procureur-général, que vous soulevez ici. Je sais comme vous que l'Université de Paris reçut de nombreux priviléges et de grandes immunités ; je sais qu'elle prétendit souvent au droit exclusif de distribuer les grades dans l'étendue de sa juridiction. Je lui laisserai, si vous voulez, le titre de : *prolem sine matre creatam,* quoiqu'en cherchant bien je pusse découvrir quelque Bulle du Pape ou quelques Lettres du Roi qui lui aient conféré cette existence légale, cette vie de Corporation qui la rendit si forte et si puissante; mais ce que je ne puis lui reconnaître, c'était le monopole de l'enseignement même à Paris. L'histoire ne me permet pas de lui faire cette concession. Maintes fois les tribunaux laïques et ecclésiastiques retentirent de débats, entre l'*Universitas magistrorum et alumnorum,* entre la Corporation des maîtres et des élèves et les particuliers qui voulaient enseigner hors de son sein et les Ordres religieux qui demandaient ou à partager ses priviléges ou à ne pas être soumis à sa juridiction. Et la plupart du temps l'Université, de gré ou de force, perdait son procès. Elle n'avait donc pas le monopole dans la capitale : première différence avec l'Université de Napoléon.

De plus, il y avait en France nombre d'autres Universités en possession des mêmes titres et honneurs. Et, indépendamment de ces Universités, nombre de Colléges tenus par le clergé séculier, par le clergé régulier ou par des laïques, lesquels vivaient tous en émulation et en concurrence, chacun dans sa liberté, chacun sous sa règle, et tous sous la haute surveillance du Pape et du Roi. Mais de grand-maître, mais d'administration unique, uniforme, d'inspecteurs généraux, de serments, d'obligations civiles et spéciales, etc., etc., point du tout. Et cette émulation profitait aux sciences et la littérature, de l'aveu du Cardinal de Richelieu. Seconde différence et non moins capitale que la première entre l'Université de Paris et l'Université de Napoléon.

Ces contrastes, vous ne les avez pas fait ressortir, Monsieur le procureur-général. Une seule chose vous a frappé. C'est l'analogie entre la lutte que soutint au XVI° siècle cette Université de Paris contre les Jésuites et la levée de boucliers de quelques docteurs de l'Université de France contre la même Compagnie. A trois cents ans de distance, le rapprochement est pris de loin !

Ici cependant, veuillez le remarquer, la question change; non pas peut-être du côté du corps enseignant. Il pourrait bien y avoir dans les motifs de cette grande querelle émue par les professeurs universitaires, un peu de ces craintes que concevait le recteur de 1564, motivées sur ce que les Jésuites enseignaient *gratis*, ce que ne faisaient les maîtres ès-arts. Il pourrait y avoir aussi quelque chose de ce que rappelait Henri IV, et l'Université pourrait bien encore avoir *contrepointé* les Jésuites parce qu'elle sait qu'ils *faisaient mieux* qu'elle. Et puis, ne trouvez-vous pas de tristes ressemblances entre ce Gallandius, ce Mercerus et ces autres ennemis de l'Eglise, fauteurs et soutiens de l'hérésie, s'ils n'étaient pas hérétiques eux-mêmes, et ces hommes formés à l école de l'éclectisme ou du panthéisme moderne qui font retentir les Facultés et les Colléges d'incessantes attaques contre les dogmes de la religion catholique ? Si M. Michelet se vante si haut d'occuper la chaire de Ramus, si M. Quinet fait à la fois l'amère critique du Catholicisme et le pompeux éloge du Protestantisme, comment ne penserions-nous pas qu'ils puisent leurs inspirations aux sources funestes qui empoisonnaient l'enseignement aux beaux jours de leurs modèles !

Malheureusement pour nous et pour nos enfants, il n'y a que trop de similitude du côté de l'Université ! Mais au moins alors la liberté restait, et quand des leçons dangereuses étaient distribuées dans une école, les fidèles alarmés pouvaient fuir et chercher ailleurs un refuge où la foi ne fût pas en péril. Tandis qu'aujourd'hui !.....

Aujourd'hui les Jésuites sont proscrits ; ils sont exclus de l'éducation publique ; leurs colléges ont été fermés, et il n'a pas tenu aux hommes qui les chassaient que leur nom ne fût exterminés de la terre.

Aujourd'hui la liberté n'existe pas, ni pour eux, ni pour nous, bien qu'elle soit promise par le pacte fondamental, bien qu'elle soit garantie par les sermens les plus solennels, bien qu'elle soit contemporaine du pouvoir qui nous régit, et, selon l'expression d'un illustre orateur, bien qu'elle soit assise sur les quatre pieds du trône !

Or vous êtes un jurisconsulte éminent, Monsieur le procureur-général, vous êtes un homme de liberté et de justice. Vous savez ce que valent les principes sur lesquels repose l'ordre social ; vous les avez défendus, vous donneriez, j'en suis sûr, votre vie pour les sauver. Vous avez contribué largement à inscrire dans la Charte constitutionnelle ces droits et ces libertés civiles qui sont l'apanage du peuple Français, et vous y avez contribué sans contrainte, sans regret, sans arrière-pensée, de toute votre conscience et de toute votre conviction !

Eh bien, je vous le demande à la face de la France, dites-moi s'il est rien de plus sacré que le droit du père sur l'éducation de son fils, s'il est rien de plus sacré que la liberté religieuse et que la liberté de la pensée ! Dites-moi si, quand nous autres catholiques nous réclamons de toute l'ardeur de nos âmes, ces imprescriptibles droits qui font la famille, l'homme et le citoyen ; dites-moi si vous ne trouvez pas dans votre cœur et dans votre tête un écho puissant qui vibre sous nos cris !

Quand de pauvres prêtres, quand des Français libres par naissance en cette terre de liberté, réclament le droit de vivre humblement sous le même toit, de partager la même table, de se vouer aux services les plus pénibles et les plus durs, de se sacrifier en commun et sous la garantie d'un vœu que Dieu a reçu, à l'instruction de la jeunesse, à la prédication de la parole divine, aux fonctions sévères du sacerdoce ; quand ils vous le demandent au nom de la liberté des consciences, au nom de la liberté des

cultes, au nom de la liberté d'enseignement, au nom de la Charte !
dites-moi si vous ne sentez pas que du fond de votre âme une
voix s'élève et vous parle pour eux, cette voix intime et mysté-
rieuse qui est la voix de Dieu et de la liberté !

Oh ! je vous adjure, pensez à ces choses. Vous vous rap-
pelez, Monsieur le procureur-général, une belle circonstance de
votre vie. C'est mon excuse, permettez que j'ajoute, c'est mon
modèle. Vous aviez à défendre une tête illustre. La clameur publique était contre vous ; vous eûtes le courage de l'affronter. Il
dut vous en coûter pour ce magnanime effort ; mais ceux-là
même qui ne partageaient pas votre croyance vous rendirent
cet hommage, que vous aviez agi avec une noble indépendance.
Croyez, Monsieur le procureur-général, qu'il m'en a coûté
aussi, non pas pour me faire le défenseur d'un Ordre persécuté,
que je vénère et que j'admire, mais pour me mettre en lice avec
un adversaire tel que vous. Votre caractère, votre dignité, ce que
vous êtes enfin et le peu que je suis, le respect que je vous dois
et des liens que je serais impardonnable d'oublier, tout rendait
ma tâche plus pénible et plus difficile encore. Je l'ai abordée
cependant, je l'ai remplie *sans peur*, puissé-je ajouter *sans re-
proche !*

La Charte, le bon droit, la vérité, voilà ma *Capitulation de
Paris* dans ce procès où il s'agit de l'honneur d'un corps tout
entier.

Votre devise voilà ma force et mon refuge :

LIBRE DÉFENSE DES ACCUSÉS !

J'ai l'honneur d'être, etc.

HENRY DE RIANCEY.
Avocat à la Cour Royale.

Imprimerie de E.-J. BAILLY, place Sorbonne, 2.